LIVRE DE LECTURE.
Cours inférieur — n° 1.

LES
ANIMAUX

PAR

J.-F. JACOBS.

2ᵉ ÉDITION.

BRUXELLES,
SAERT, FRÈRES, IMPRIM.-LIB.-ÉDITEURS,
rue Fossé-aux-Loups, 13 et 15.

1863

Le soussigné, imprimeur à S.t Josse ten Noode, déclare que le présent ouvrage est sorti de ses presses pour compte de M. J. F. Jacobs

Jean Cy[...]

DÉPOSÉ CONFORMÉMENT A LA LOI.

Chaque exemplaire porte la griffe de l'auteur.

A MM. LES INSTITUTEURS.

Chers Collègues,

Le bon accueil dont vous avez bien voulu honorer mes deux premiers livres de lecture, me fait un devoir de continuer l'œuvre commencée.

Je vous présente donc aujourd'hui la première partie d'une série nouvelle, formant suite à mes deux livres élémentaires.

C'est plus déjà qu'un livre pour apprendre à lire.

A mes yeux, la lecture, la grammaire, le style ne doivent pas être isolés : ils ne sont que les éléments de la connaissance de la langue, et la langue elle-même, instrument de l'intelligence, n'est qu'une condition pour le développement de l'esprit.

Mu par ces considérations, je me suis appliqué à fournir à nos élèves une nourriture pour l'intelligence dans une forme offrant à la fois une lecture graduée et une matière féconde et rationnelle pour l'enseignement de la grammaire et du style.

Puisse mon travail alléger vos efforts et coopérer au progrès de vos élèves.

L'AUTEUR.

Octobre 1862.

LES
ANIMAUX

1. Les noms*.

Louis est une personne ;
Marie est une personne ;
Papa et Maman sont des per-
sonnes ;
Le boulanger est une personne ;
Le domestique est une personne.
Le cheval est un animal ;
Le chien est un animal ;
L'oiseau est un animal ;
Le poisson est un animal ;
Le ver est un animal.
L'arbre est une plante ;

---

* Voulant combiner l'enseignement de la langue avec celui de la lecture, nous avons trouvé bon de donner ici, comme introduction, une leçon sur les noms.

Le rosier est une plante ;
La luzerne est une plante ;
Le chou est une plante.
Le fer est une chose ;
Les métaux sont des choses ;
Les pierres sont des choses ;
L'eau est une chose ;
L'air est une chose ;
La chaleur est une chose.
Chaque personne a son nom.
Chaque animal a son nom.
Chaque plante a son nom.
Chaque chose a son nom.
Combien avez-vous dans votre leçon de noms de personnes ?
Combien de noms d'animaux ?
Combien de noms de plantes ?
Combien de noms de choses ?
Ecrivez-les.

2. Le chien.

est un *	=	ès-tun.
un animal	=	eu-nanimal.
les yeux	=	lè-zyeux.
ses oreilles	=	sè-zoreilles.
sont ordinairement	=	son-tordinairement.
chiens ont	=	chien-zont.
quand ont	=	quan-ton.
des hommes	=	dè-zhommes.

Le chien est un animal.

Son corps est couvert de poils.

Il a quatre pattes, une tête et une queue.

La bouche du chien s'appelle gueule.

La gueule avec le nez forme le museau.

Le museau du chien est allongé.

---

* Explications à fournir au tableau.

Ses oreilles sont ordinairement pendantes.

Les chiens ont des griffes à leurs pattes.

Les chiens ne sont pas méchants, quand on ne les maltraite pas.

Ils demeurent avec nous dans la maison ;

Ils nous rendent des services ;

Les chiens sont des serviteurs fidèles.

Ce sont des animaux domestiques*.

3. Le petit chien de Léon.

Léon avait reçu de son père un beau petit caniche.

Léon soignait la pauvre bête ; lui

---

* Les élèves copient la leçon et soulignent les noms qui s'y trouvent.

donnait à manger et lui préparait un bon lit de paille.

Le petit animal aimait bien Léon et lui faisait des caresses.

Un soir, très tard, le papa, la maman, Léon, toute la famille était couchée.

De méchants hommes voulaient entrer dans la maison pour voler.

Tout à coup, le petit chien se met à aboyer de toutes ses forces.

Le père de Léon se réveille; il ouvre la fenêtre :

Et les voleurs prennent la fuite.

Le chien est le gardien de la maison *.

---

* L'instituteur fait nommer d'abord, puis écrire sur trois colonnes les noms de personnes, d'animaux et de choses.

4. Un et plusieurs.

J'écris : *« le chien. »*
Cela veut dire un seul chien.
J'écris : *« les chiens. »* Cela veut dire plusieurs chiens.

Le pied	—	les pieds.
La tête	—	les têtes.
Le père	—	les pères.
La mère	—	les mères.
L'homme	—	les hommes.
Le banc	—	les bancs.
La chaise	—	les chaises.
La table	—	les tables.
L'arbre	—	les arbres.
La fleur	—	les fleurs.
Le jardin	—	les jardins.

Singulier signifie un seul.
Pluriel veut dire plusieurs.
Au singulier on dit : le chien, le

pied, la tête, le père, la mère, l'homme, le banc, la chaise, la table, l'arbre, la fleur, le jardin.

Comment dit-on au pluriel?
Ecrivez cela.

5. Les chiens du marchand de sable.

Maman regarde par la fenêtre :
Deux chiens sont attelés à une petite voiture.

Comme ces pauvres bêtes doivent tirer!

— Ce sont les chiens du marchand de sable, mon enfant.

Le sable est très-lourd ; seul, le marchand pourrait à peine nous en apporter pour quelques centimes.

Il n'y gagnerait pas sa vie.

Ses chiens l'assistent. Ils traînent avec lui la lourde charrette.

— Maman, ne veux-tu pas acheter du sable à ce pauvre homme?

— Nous en avons encore, cher ami.

Mais voici : donne à l'homme cette petite pièce et aux chiens ce morceau de pain noir.

— O merci; combien ils seront contents *!

6. Le chasseur et son chien.

Mes enfants, vous avez bien travaillé ; nous allons faire une promenade dans les champs.

— O merci, bon papa!

— Êtes-vous prêts?

---

* Les élèves copient les noms qui sont au singulier dans leur morceau de lecture. — L'instituteur peut y ajouter tel autre exercice qu'il jugera utile.

— Oui, oui, cher père.

— Partons.

Il fait bien beau; la campagne est très-verte.

— Entendez-vous, papa, ce grand coup?

— C'est un coup de fusil.

Il y a ici des chasseurs.

Les voilà.

Le chien leur apporte un lièvre.

— Il va le manger, papa.

— Non, mon ami, le chien prend le lièvre et l'apporte à son maître; mais il ne le mange pas.

— C'est être bien méchant, papa, que de tuer ainsi ces petites bêtes.

— Dieu a créé des animaux pour notre nourriture.

Si le chasseur ne tuait pas le gibier, celui-ci ravagerait les champs et vous n'auriez ni lièvres, ni perdreaux, ni lapins, ni même des légumes à manger*.

7. Le chien de l'aveugle.

— Voyez, papa, sur la grande route un homme accompagné d'un joli petit chien.

— C'est un homme aveugle, mon enfant ; le petit chien conduit le pauvre vieillard et lui fait éviter la boue, les cailloux, les chevaux et les voitures.

— Il porte sur la poitrine une petite cassette.

— Cette homme est dans le besoin, cher enfant, et comme il n'ose mendier, il s'en va de porte en porte vendre des allumettes.

---

* Les élèves copient les noms qui sont au pluriel. — L'instituteur fait remarquer les finales du pluriel.

— Papa, tu m'as donné pour mes épargnes une pièce de cinq centimes ; puis-je la remettre au pauvre aveugle ?

— Et moi, Papa, j'ai deux centimes.

— Moi, père, je n'ai qu'une couque que Maman m'a donnée ; je la donnerai au petit chien.

— Allez, mes enfants, vous faites une bonne œuvre*.

8. Le cheval.

Le cheval est un animal.

Il est bien plus grand que le chien.

Le cheval a quatre pieds ; c'est un quadrupède.

---

* Les élèves écrivent sur deux colonnes les noms au singulier et au pluriel.

Il a une bouche, deux yeux, deux oreilles et une queue.

Son corps est couvert de poils. Ces poils sont courts.

Le cheval a des sabots ronds à ses pieds.

Il lève la tête avec fierté.

Le cheval est fier.

Il se tient à l'écurie.

Il mange de l'avoine, du foin, des trèfles.

Le cheval travaille pour nous.

L'homme est le maître du cheval*.

9. Le cheval du laboureur.

Mes enfants, voyez-vous ce gros cheval qui va dans les champs?

---

* Après une comparaison verbale, l'élève fait d'après le modèle précédent la description de l'âne.

C'est le cheval du laboureur.

Il est très-fort ; il traîne la charrue qui retourne la terre.

Il transporte aussi de lourdes charges de la ferme aux champs et des champs à la ferme.

Voyez-vous, ce bon cheval gris traînant la lourde charrette de fumier ?

Et ce beau noir, conduisant vers la ferme l'abondante récolte ?

Les chevaux sont bien utiles aux cultivateurs.

Ils font les travaux les plus rudes*.

10. Les qualités.

Le mur est blanc. — Blanc exprime une qualité de mur.

* L'élève met les noms singuliers au pluriel.

La toile est blanche. — Blanche exprime une qualité de la toile.

Le chapeau est noir. Quel mot employez-vous pour indiquer la qualité du chapeau ?

Le gazon vert.

La verte prairie.

Le fer dur. — Le beurre mou.

L'arbre élevé. — Le puits profond.

La plume légère. — Le plomb lourd.

Le sage Emile. — L'obéissante Louise.

Le bon père. — La bonne mère.

Quelles sont les qualités du gazon, de la prairie, du fer, du beurre, de l'arbre, du puits, de la plume, du plomb, d'Emile, de Louise, du père, de la mère ?

Ecrivez ces noms sur l'ardoise et

ajoutez-y les mots qui expriment leurs qualités.

Ex. Le *gazon* est *vert*.

11. Une promenade a cheval.

Hu ! hu ! Le petit Henri est monté sur son cheval.

Henri va se promener à la campagne. Son joli cheval brun le porte sur le dos.

Quand Henri sortira avec sa chère maman, on attellera le cheval à la belle voiture.

Le bon cocher conduira la voiture.

Le cheval ira très-vite.

Quand le cheval aura promené Henri, il retournera à la maison.

Nous ferons entrer le cheval à l'écurie. Nous lui donnerons de l'avoine et du foin à manger, et de l'eau fraîche à boire.

Le cheval se reposera, et Henri aussi.

Le cheval qui sert à notre amusement, qui nous porte à la promenade, est un cheval de luxe*.

12. La peau du cheval.

Le cheval ne sait pas parler.

Il ne vous comprend pas quand vous parlez.

On le conduit à l'aide de la bride.

Quel est l'artisan qui fait la bride du cheval?

---

* L'élève copie la leçon et souligne les noms accompagnés d'un qualificatif.

— C'est le sellier.

— De quoi le sellier fait-il la bride du cheval?

— La bride est fait de cuir et de fer.

— Connaissez-vous d'autres objets en cuir?

— La selle, le harnais, les souliers.

Le cuir, c'est la peau des animaux.

La peau du cheval donne un cuir bon et solide*.

13. Le fer à cheval.

Louis allait avec son père à la foire de la ville voisine.

Il faisait très-chaud.

---

* Les élèves cherchent dans les morceaux précédents 5 noms qui font leur plur. en s, 5 noms en s, x ou z, 5 noms en au, eu, ou, 5 en al et 2 en ail. — Faire apprendre par cœur les principales règles de la formation du pluriel.

Louis trouve un fer à cheval; mais il est trop paresseux pour le ramasser.

Son père saisit le fer, le vend et en reçoit dix centimes.

Arrivé en ville, il achète des cerises pour les dix centimes, et les met dans sa poche.

— Après midi il fallait retourner.

Le soleil brûlait plus fort.

La sueur coulait le long des joues de Louis; il suivait péniblement son père; il avait bien soif.

Le père laisse tomber une cerise.

Louis, bien vite, la ramasse et la met dans sa bouche.

Une deuxième cerise tombe; puis une troisième, une quatrième et successivement toutes les autres.

Louis les avale avec avidité.

Quand Louis eut mangé la dernière cerise, le père lui dit :

Mon fils, si tu t'étais baissé une seule fois pour ramasser le fer à cheval, tu te serais épargné la peine de te courber cinquante fois pour les cerises.

Ne recule jamais devant un peu de peine *.

14. La vache.

La vache est un animal.

Elle est plus grande que l'âne,

Et presque aussi haute que le cheval.

La vache est un quadrupède.

Pourquoi ? — parce qu'elle a quatre pieds.

---

* Les élèves copient la leçon sur l'ardoise. S'ils se sont un peu habitués à la dictée, ils peuvent fermer le livre et écrire la leçon par cœur ; après l'écriture ils ouvrent le livre et corrigent leurs fautes.

La vache porte, sur la tête, deux cornes.

Avec ces cornes la vache se défend.

Les pieds de la vache sont fendus.

La vache vit dans l'étable et dans la prairie.

Elle mange de l'herbe, des trèfles, des carottes, des navets.

Après que la vache a mangé, elle remache les aliments qui lui reviennent dans la bouche.

On dit alors qu'elle rumine.

La vache est un animal ruminant.

Elle n'est pas méchante.

Elle suit la fermière partout où celle-ci la conduit *.

---

* Les élèves font la description du bœuf. Ils peuvent aussi faire la comparaison entre la vache et le cheval, toujours après un exercice préparatoire fait verbalement.

15. Le lait.

— Maman, j'ai bien couru dans le jardin. J'ai soif, je vais boire un verre d'eau.

— Non, ma fille, quand tu as fort chaud tu ne peux pas boire de l'eau fraîche. Tu deviendrais malade.

Voici une tasse de laid chaud.

— Merci, maman. C'est bien bon.

— C'est la vache qui te donne ce bon lait; tu aimes bien la bonne bête, n'est-ce pas?

— Oui, maman ; je vais recueillir au jardin toutes les mauvaises herbes pour les porter à la bonne vache.

— Elle te donnera du lait en retour.

— Du lait pour maman, pour

papa, pour mon petit frère et pour moi *!

16. Le beurre et le fromage.

Le lait sert à faire le beurre et le fromage :

Le beurre que maman étend sur la tartine ;

Le fromage que les enfants mangent si volontiers.

C'est la paysanne qui fait le beurre et le fromage.

Elle les apporte au marché et nous lui achetons notre provision.

La paysanne est bien bonne de nous apporter son lait, son beurre et son fromage.

---

* Les élèves copient les noms de personnes, d'animaux, de plantes, de choses, et ajoutent deux qualificatifs à chaque nom.

Sans elle nous n'en mangerions pas.

Nous devons aimer la paysanne.

O maman, j'aime bien la paysanne qui nous fournit le lait doux et le bon fromage *.

17. Le boucher.

Je n'aime pas le boucher; il tue les pauvres animaux qui ne lui font aucun mal :

Des bœufs, des veaux, des moutons.

— Dieu permet que les animaux nous servent de nourriture, mes enfants.

---

* Les élèves ont à répondre par écrit à cette question : « Que fait la paysanne ? » L'instituteur fait donner d'abord une réponse verbale, l'écrit à la planche noire et l'efface pour laisser faire les élèves.

Le boucher les achète au cultivateur.

Il ne tue pas par méchanceté.

Il tue pour nous fournir de la viande.

La viande est une excellente nourriture.

Sans le boucher, tu n'en goûterais pas.

Le boucher est donc un artisan utile.

En abattant les bêtes, il ne s'oppose pas à la volonté du Créateur*!

18. Les actions.

Le cheval court ; le mot *courir* exprime une action.

---

* Copier la leçon et souligner les noms et les qualificatifs.

Le coq chante ; il fait l'action de chanter.

Léon parle ; Léon fait l'action de parler.

Le vent souffle. Le soleil éclaire.

L'oiseau vole. Le bœuf marche.

Le ver rampe. Le poisson nage.

L'eau coule. Le sable roule.

La couturière coud. Le peintre peint.

L'écrivain écrit. L'imprimeur imprime.

L'élève apprend. L'homme pense.

Quelles actions font le cheval, le coq, Léon, le vent, le soleil, l'oiseau, le bœuf, le ver, le poisson, l'eau, le sable, la couturière, le peintre, l'écrivain, l'imprimeur, l'élève, l'homme ?
— Nommez les mots qui expriment une action. — Ce sont des verbes.

Écrivez-les.

19. Le mouton.

Mes enfants, vous voyez volontiers les moutons.

Le berger les conduit paître dans la plaine.

Vous allez souvent les carresser.

Vous pourrez donc me dire si le mouton a quatre pieds?

S'il a des cornes comme la vache? S'il a les poils courts comme le cheval?

S'il a les pattes munies de griffes comme le chien?

Tous les moutons n'ont pas de cornes.

Ils ont les poils longs et les pieds fendus.

Le mouton mange de l'herbe, des carottes, des navets, de la verdure*.

---
* Les élèves font la description du mouton.

20. Le berger.

De beaux champs — un beau champ.
Des chevaux — un cheval.
Des brebis — une brebis.
Des moutons gros et — un mouton gros et
gras — gras.

Mon bon berger, pourquoi ne conduis-tu pas ton troupeau dans cette verte prairie, sur ces beaux champs de trèfles?

Le long de la route, il n'y a guère à manger pour tes moutons.

— Mes enfants, ce pré si vert doit nourrir les chevaux.

Ce beau champ de trèfles est pour les vaches.

Il est vrai, l'herbe est bien rare

ici : ni les chevaux, ni les vaches ne pourraient la brouter.

Mes brebis s'en contentent ; je parcours avec elles les routes et les plaines.

Et le soir quand je rentre, mes moutons ont suffisamment mangé.

Cette maigre verdure, perdue le long des chemins, nous donne des moutons bien gros et bien gras*.

21. La laine.

— Mais, bon berger, pourquoi as-tu coupé la laine de tes moutons ?

Tu es bien méchant !

Pauvres bêtes ! il fait encore bien froid.

---

* Les élèves copient les verbes (noms d'actions), ou mettent au singulier les noms et les qualificatifs qui sont au pluriel.

Maman m'a mis ce matin mon gros pantalon.

— Petit lutin, ton gros pantalon est usé, ta mère a dû déjà y mettre une pièce.

Tes bas dureront à peine jusqu'à la fin de l'été.

J'ai tondu mes moutons; les froids sont passés.

J'ai vendu la laine.

On la lave, on la nettoie en ce moment.

On la filera, on la tissera, pour que tu aies, quand le froid reviendra, des bas à mettre, et du drap pour te faire des habits.

— Merci, mon bon berger*!

---

* Les élèves copient la leçon et soulignent les verbes.

22. La poule.

Est	—	sont.
A	—	ont.
Vole	—	volent.
Chante	—	chantent.
Réveille	—	réveillent.
Invite	—	invitent.
Ramasse	—	ramassent.
Tient	—	tiennent.

La poule est * un oiseau.

Son corps n'est pas couvert de poils, comme celui du chien.

La poule est revêtue de plumes.

Elle n'a que deux pattes. Comment celle-ci sont-elles faites?

La poule a deux ailes, mais elle ne vole pas bien.

Elle est trop lourde.

---
* *Est* (de *être*) est un verbe qui marque l'état.

A la tête de la poule on distingue un bec, deux yeux et une petite coiffe rouge, que l'on appelle crête.

Le coq chante et nous réveille le matin. Il nous invite au travail.

La poule se tient dans la cour de la ferme et ramasse les graines perdues *.

23. Les œufs.

— Maman, la poule que papa m'a donnée a pondu un œuf.

O! viens donc voir, maman.

Je vais le ramasser; quel bel œuf blanc!

Maman, il est pour toi.

—Merci, chère amie; mais n'est-ce pas papa qui t'a acheté la belle poule?

---

* Les élèves écrivent la leçon au pluriel.

— Ah oui ! je donnerai le premier œuf à papa.

Le deuxième sera pour toi, n'est-ce pas, mère ?

— Très-bien, ma fille, viens que je te donne deux gros baisers.

— Merci, maman.

O les bonnes poules qui me font tant de plaisir !

Je vais leur donner beaucoup à manger*.

24. Les petits poussins.

La poule de Marie avait pondu plusieurs œufs.

Marie la laissa couver : elle en eut douze petits ;

---

* Les élèves copient la leçon et soulignent d'un trait les noms, de deux traits les qualificatifs et de trois traits les verbes.

Douze jolis poussins blancs, noirs, gris, roux.

Marie était ivre de joie. Elle obtint de sa mère la permission d'inviter son amie à aller voir ses petits poulets.

— Marie lui écrivit :

Ma chère Louise,

La jolie poule dont papa m'a fait cadeau, a couvé ; elle ma donné douze petits. Douze gentils petits poussins de toutes les couleurs. Oh ! ils me font tant de plaisir ; ils mangent dans ma main ! Et leur mère les aime tant : elle les réchauffe sous ses ailes ; elle cherche pour eux de la graine, et elle se met en colère quand on veut prendre ses petits.

Viens, chère Louise, viens les voir, tu seras bien charmée ; je t'attends cette après-dinée.*

Ton amie,
Marie.

25. Les plumes.

— Les poules sont donc bien utiles, maman : leurs œufs sont très-nourrissants et leur chair est délicieuse.

Mais à quoi servent les plumes?

— Les plumes des oiseaux nous sont aussi très-utiles, mon enfant.

On en remplit souvent les oreillers de nos lits.

Les lits de plumes sont bien moelleux.

---

* Louis a deux pigeons ; ils ont deux petits, il invite son ami Alphonse à aller les voir : les élèves composent la lettre d'après le modèle ci-dessus.

— Me donneras-tu un lit de plumes, chère maman?

— Les lits de plumes sont malsains pour les enfants, chère amie.

Il vous faut des lits de paille ou de crin.

— Il n'y a donc rien d'inutile, chère mère?

— Dieu n'a rien créé sans but ; c'est à l'homme à chercher l'emploi de toute chose*.

26. La fauvette.

— Papa, voyez le bel oiseau, qui vient de sortir de ce buisson.

---

* Les élèves copient les noms, ils y ajoutent un attribut. Ex. :
    Les poules sont des oiseaux.
    Les oiseaux sont utiles.
    Maman est bonne.

Qu'il est gentil ; comme il chante en sautillant de branche en branche !

— Cette une fauvette mon ami.

— O papa, si je pouvais la mettre dans ma cage, cette jolie fauvette !

— Tu ne pourrais pas la garder, mon enfant.

La fauvette se nourrit de petits insectes que tu ne saurais trouver.

Puis la fauvette est un oiseau de passage.

Elle suit partout la belle saison, et ne demeure chez nous qu'en été.

L'hiver de nos contrées est trop froid pour elle.

Elle ne vivrait pas dans ta cage*.

---

* Les élèves, après y avoir été préparés par un exercice écrit au tableau, font la description de la fauvette.

27. L'oiseau fait son nid.

Papa, ne veux-tu pas faire un joli petit nid dans les rosiers de notre jardin?

La fauvette y déposera ses œufs.

— Mon enfant, les oiseaux construisent leurs nids eux-mêmes.

Ils ramassent de menus brins de paille, du crin, de la mousse, des plumes, et en font un bon lit pour leurs petits.

Ils bâtissent leurs nids dans les lieux où ils trouvent la nourriture qui leur convient.

Ils le placent dans le feuillage à l'abri du soleil et de la pluie.

— Mais, papa, qui apprend aux oiseaux à se construire un nid?

— Ils le font par instinct ; c'est le bon Dieu qui leur a donné cette faculté.

Cherche dans ce buisson, tu y trouveras peut-être le nid de la fauvette*.

28. Ne dénichez pas les oiseaux.

Oh! papa, papa! viens voir, j'ai trouvé le nid de la fauvette.

Viens vite, un nid tout rempli de petits. — Un, deux, trois, quatre, cinq; cinq jolis petits oiseaux!

Ils ouvrent le bec, ils ont faim. Nous allons les emporter, n'est-ce pas, papa?

---

* Les élèves écrivent les noms de personnes et d'animaux avec un certain nombre d'actions qu'on peut leur attribuer. Papa marche, parle, raconte, instruit, travaille. La fauvette vole, chante, crie, mange, boit, fait son nid, etc.

— Ils mourraient, cher ami.

— Non ! cher papa, je les tiendrai bien chaud ; je leur donnerai des vers à manger et de l'eau à boire.

— Mon enfant, voudrais-tu qu'on te ravît à ta mère et à ton père?

— O non, mon bon papa.

— Eh bien ! ces jeunes oiseaux n'auraient plus de mère.

Et leur père et leur mère n'auraient plus de petits.

Regarde-les perchés sur cet arbre, comme ils sont tristes, comme ils gémissent, ces pauvres bêtes.

Et tu serais assez barbare ?...

— Non, cher père, je ne veux jamais dénicher les oiseaux*.

---

* Les élèves copient les noms de personnes et d'animaux et donnent à chaque nom un attribut substantif et un attribut verbe.
Ex. : Papa est un homme; papa travaille.
La fauvette est un oiseau; la fauvette chante.

29. Le poisson.

Le poisson est un animal.
Il vit dans l'eau.
Le poisson a une queue et deux nageoires au moyen desquelles il avance et se dirige dans l'eau.
Le corps du poisson est couvert de petites écailles.
Il y a des poissons dans les étangs et dans les rivières :
La carpe, l'anguille, le brochet.
Ce sont des poissons de rivières ou des poissons d'eau douce. — Pourquoi les appelle-t-on ainsi ?
D'autres poissons vivent dans la mer : la raie, le turbot, le hareng.
Ce sont des poissons de mer.
Le poisson est une bonne nourriture pour l'homme*.

---

* Leçon à mettre au pluriel.

30 Les vers-à-soie.

— Voici, mon petit ami, un cadeau pour toi.

— O merci, Papa ; qu'elle jolie boîte !

Ha ! mais, Papa, il y a de vilaines chenilles dans la boîte.

— Au contraire, Henri, ce sont de jolis vers, bien gras.

Ce sont des vers-à-soie.

Il faut bien les nourrir.

— Regardez, Papa, ils mangent des feuilles.

— Oui, mon enfant, les vers-à-soie ne mangent que des feuilles.

— Je vais leur donner une large feuille de choux.

— Pardon, mon ami, tu ne peux

leur donner que les feuilles du mûrier blanc, qui est au fond du jardin.

C'est la seule nourriture qui leur convienne.

Nourris-les bien, tiens-les propres, donne-leur de l'air et tu verras qu'ils te feront beaucoup de plaisir *.

31. La soie.

Ah! Papa, tous mes vers-à-soie sont morts! je les ai pourtant bien soignés; ils ont eu de la nourriture en abondance.

— Montre-les moi, cher ami.

— Regardez, Papa.

— Ho! il ne faut pas pleurer, tes vers ne sont pas morts.

---

* Les élèves copient les verbes et indiquent les noms des personnes ou des choses qui font l'action (les sujets).

Ils s'enferment dans une enveloppe.

Dans quelques jours tu les verras jeter autour de leur enveloppe des fils jaunâtres très-fins ;

Aussi fins que les fils des araignées.

Ce fil est très-solide, c'est de la soie.

Quand le ver ne file plus, on dévide les cocons.

Le fil est retordu par la retordeuse.

Le teinturier teint la soie.

Le tisserand la tisse ;

Et voilà de l'étoffe de soie pour faire des robes, des cravates, des rubans*.

---

* Même exercice qu'à la leçon précédente.

32. Les papillons.

Maman, ô maman, venez voir, toute ma chambre est remplie de papillons.

De si jolis papillons ! voyez-donc.

— Qu'ils sont beaux, mon enfant ! As-tu vu aujourd'hui les cocons de tes vers-à-soie ?

— Oh non ! Maman, j'ai trop de plaisir à voir mes papillons.

— Montre-les moi ?

— Voici, maman, mes cocons. Oh ! mais, en voici un qui est troué ; il est tout vide.

Celui-ci aussi ; celui-là encore ; tous, maman, ils sont tous vides !

— Écoute, mon enfant ; le ver-à-soie, qui s'est changé en chrysalide dans ce cocon, s'y est transformé en papillon.

Le papillon a fait un trou dans le cocon et en est sorti.

Voilà donc tous les vers-à-soie devenus de jolis papillons.

— Maman, quel plaisir!

— Encore quelques jours, ils déposeront leur graine, de petits œufs.

Tu conserveras bien ces graines, et l'été prochain il en sortira d'autres vers-à-soie.

— Merci, maman; que c'est merveilleux * !

---

* Par récapitulation, les élèves soulignent les noms, les qualificatifs et les verbes, de un, de deux, de trois traits.

33. L'abeille.

— Aïe, aïe, aïe ! Maman, une abeille m'a piquée à la joue.

— Mon enfant, c'est que tu as fait du mal à ces petites bêtes.

— Une abeille en poursuivait une autre sur la ruche ; j'ai voulu la chasser, et elle m'a piquée.

— Les abeilles, ces petits insectes avec leurs ailes transparentes, vivent en famille dans leur ruche et elles se défendent contre les hommes et contre les animaux.

Tu n'as pas voulu faire de mal ; mais l'abeille ne connaissait pas tes intentions, chère amie.

Tu ne connaissais pas non plus les intentions de l'abeille.

— Elle en poursuivait une autre, maman.

— Ma fille, lorsque tu sortis la première fois, ta mère t'accompagnait et veillait sur toi.

— Les grandes abeilles font comme ta mère faisait *.

34. Le miel.

— Maman, le miel est bien doux; tu m'en donnes souvent quand je tousse.

Je sais que ce sont les abeilles qui font le miel.

Mais je serais bien curieuse de savoir comment elles font ce bon miel.

---

* L'élève copie les noms qui sont au singulier et leur attribue une action.

— Je vais te le montrer, mon enfant ; viens au jardin.

Vois-tu cette abeille se promener de fleur en fleur ? Elle en suce le suc.

Ce suc recueilli par l'abeille forme le miel.

Quand elle sera bien chargée, elle retournera à la ruche pour y déposer sa douce récolte.

— Dirait-on, chère mère, qu'un animal si petit puisse nous donner de si bonnes choses en abondance * ?

35. La cire.

Les abeilles nous donnent plus

---

* L'élève copie les verbes et leur donne un sujet.

que le miel, elles nous fournissent aussi de la cire.

Les petites cellules dont se compose le rayon de miel, et dans lesquelles les abeilles déposent leur miel, sont faites en cire.

— Où les abeilles trouvent-elles la cire, maman?

— Encore dans les fleurs, mes enfants.

— Que fait-on de la cire?

Avant que je vous explique cela, Julie, allume la bougie, la nuit tombe.

— La voici, maman, elle est allumée.

— Qui donc fait les bougies, mes enfants? De quoi les fait-on?

Le fabricant fait les bougies de cire ;

— 54 —

Avec de la cire lavée et blanchie.

La cire est encore employée à bien d'autres usages que je vous ferai connaître un autre jour.

Maintenant le souper vous attend *.

36. L'abeille prévoyante.

Maman, hier vous nous avez tant amusés en nous parlant des abeilles, mais que mangent-elles, ces petites bêtes?

— Les abeilles se nourrissent du miel qu'elles trouvent dans les fleurs, mes enfants.

— Mais, en hiver, maman, il n'y a pas de fleurs.

---

* Les élèves écrivent les noms qui sont au pluriel et leur attribuent une action.

— Les abeilles ont soin de faire leur provision pendant la bonne saison.

Elles recueillent en été pour avoir de quoi manger en hiver.

Les hommes doivent en faire autant.

Et les enfants doivent bien apprendre pendant qu'ils sont jeunes;

Afin de pouvoir bien travailler quand ils seront grands.*

37. Comment sont les animaux.

Le chien est animé, fidèle, utile, couvert de poils.

Il peut être blanc, noir ou roux,

---

* Les élèves écrivent en propositions simples tout ce que fait l'abeille.

grand ou petit, gentil ou dangereux, doux ou méchant.

Le cheval est fort, courageux, fier.

Il peut être noir, blanc, gris ou brun, vif ou lent, lourd ou léger, jeune ou vieux.

La vache est lente, patiente et utile.

Elle peut être noire, blanche, grise, rousse ou tachetée, jeune ou vieille, grasse ou maigre.

La fauvette est légère, agile ; elle peut être jeune ou vieille.

L'abeille est ailée, petite, laborieuse.

Tous les animaux sont animés, utiles. — Ils sont domestiques ou sauvages *.

---

* Les élèves copient la leçon en remplaçant le mot *chien* par *chienne*, *cheval* par *jument*, *vache* par *bœuf*, *fauvette* par *oiseau* et faisant accorder les qualificatifs.— Attirer l'attention des élèves sur le changement des finales des qualificatifs.

38. Que font les animaux.

Le cheval marche, trotte, galoppe, traîne, se cabre, s'arrête, hennit, boit, mange.

La brebis court, marche, bondit, bêle, broute, rumine.

L'âne porte, marche, traîne, se repose, brait.

Tous les quadrupèdes vivent, mangent, boivent, voient, entendent, sentent, flairent, goûtent, marchent, dorment, veillent.

L'alouette vole, plane, chante, becquette, se nourrit, pond, couve.

Le moineau vole, crie, becquette, pond, couve.

Tous les oiseaux volent, becquettent, pondent, couvent, vivent.

Les poissons nagent, se nourrissent, avancent, reculent, descendent, montent dans l'eau.

La mouche vole, court, voit, bourdonne.

Le vers rampe, se nourrit, se transforme.

Tous les animaux se nourrisssent, se meuvent, veillent, dorment *.

39 L'homme et les animaux.

Les animaux sont mis au service de l'homme.

La vache et la chèvre lui donnent leur lait.

Le bœuf, le mouton, le porc et bien d'autres encore lui fournissent la viande.

---

* Après indication préalable pour les mots à terminaisons nouvelles, les élèves mettent au pluriel les verbes qui sont au nombre singulier; si la leçon est lue une seconde fois ils convertiront le pluriel en singulier.

La poule, le canard lui procurent des œufs.

Les poissons le nourrissent de leur chair.

L'abeille lui donne son miel.

Le mouton le revêt de sa laine.

Le ver-à-soie de son fil soyeux.

Le cheval, l'âne, le bœuf, le chien sont ses fidèles serviteurs.

Les oiseaux le divertissent par leurs mélodieux concerts !...

L'homme, être raisonnable, est le roi de la terre ;

Il est le maître des animaux.

Il lui est permis d'en disposer pour son usage et son entretien.

Mais il ne peut pas les maltraiter *.

---

* Quels sont les animaux qui nous nourrissent, quels sont ceux qui nous fournissent des habits, qui nous servent dans nos travaux, qui nous procurent de l'agrément ?

40. Dieu, l'homme et les animaux.

Et savez-vous, mes enfants, de qui nous tenons tous ces animaux si utiles ?

Savez-vous qui a créé tant de bêtes pour nous nourrir ?

Qui nous a donné des animaux pour nous assister dans nos travaux ?

Savez-vous qui a placé dans nos bois et nos campagnes ces milliers de chanteurs ?

C'est DIEU, mes enfants !

Dieu, notre maître et notre créateur.

Ne cessons jamais de lui en rendre grâces*.

---

* Racontez ce que Dieu a créé pour nous.

FIN

TABLE DES MATIÈRES.

		Pag.
1.	Les noms	5
2.	Le chien	7
3.	Le petit chien de Léon	8
4.	Un et plusieurs	10
5.	Les chiens du marchand de sable.	11
6.	Le chasseur et son chien	12
7.	Le chien de l'aveugle	14
8.	Le cheval	15
9.	Le cheval du laboureur	16
10.	Les qualités	17
11.	Une promenade à cheval	19
12.	La peau du cheval	20
13.	Le fer à cheval	21
14.	La vache	23
15.	Le lait	25
16.	Le beurre et le fromage	26
17.	Le boucher	27
18.	Les actions	28
19.	Le mouton	30

                                    Pag.
20. Le berger. 31
21. La laine 32
22. La poule 34
23. Les œufs 35
24. Les petits poussins 36
25. Les plumes 38
26. La fauvette 39
27. L'oiseau fait son nid. 41
28. Ne dénichez pas les oiseaux . . . 42
29. Le poisson 44
30. Les vers-à-soie 45
31. La soie. 46
32. Les papillons 48
33. L'abeille 50
34. Le miel. 51
35. La cire 52
36. L'abeille prévoyante. 54
37. Comment sont les animaux. . . . 55
38. Que font les animaux. 57
39. L'homme et les animaux. 58
40. Dieu, l'homme et les animaux. . . 60

OUVRAGES DU MÊME AUTEUR :

PREMIER ET DEUXIÈME LIVRES DE LECTURE,
basés sur les principes psychologiques.
LES PLANTES, quatrième livre de lecture.
LES MINÉRAUX, cinquième livre de lecture.

www.ingramcontent.com/pod-product-compliance
Lightning Source LLC
LaVergne TN
LVHW021733080426
835510LV00010B/1235